Zu diesem Buch *Normal-, Schad- oder Problembär – Edmund Stoiber ist ein Mann feinsinniger Wortschöpfungen und erstaunlicher Weisheiten, ein Produzent fulminanter Versprecher und delikater Stilblüten. Jule Philippi hat die schönsten Wortschwurbeleien des bayerischen CSU-Politikers gesammelt und lädt zum Schmökern und Schmunzeln ein.*

Die Autorin *Jule Philippi ist Linguistin und lebt in Hamburg.*

Jule Philippi

Wer für alles offen ist, ist nicht ganz dicht

Weisheiten des Edmund Stoiber

Rowohlt Taschenbuch Verlag

Originalausgabe
Veröffentlicht im Rowohlt Taschenbuch Verlag,
Reinbek bei Hamburg, März 2007

Fotos im Innenteil Picture Alliance
Umschlaggestaltung ZERO Werbeagentur, München
(Bildnachweis: © FinePic, München,
unter Verwendung einer Maske der Firma Krautwurst)
Satz Weidemann PostScript, InDesign CS2
Druck und Bindung Clausen & Bosse, Leck
Printed in Germany
ISBN 978 3 499 62248 9

Vorwort

«Robbie Williams ist out. Eminem war gestern. Jetzt kommt Ede.» So steht es auf der Internetseite des ersten offiziellen Edmund-Stoiber-Fan-Clubs. Der (bald ehemalige) bayerische Ministerpräsident und Vorsitzende der CSU ist ein Superstar. Seine Reden sind Legende, seine Zitate Kult. Woran liegt das? Was mögen die Menschen an Edmund Stoiber? Seine Politik? Die ist alles andere als unumstritten. Nein, es ist Stoibers Redekunst, die die Menschen lieben. Und die hat es in sich. Seine «durchrasste und durchmischte Gesellschaft» brachte es auf Platz zwei der Liste zum Unwort des Jahres. Auch sein «Problembär» hatte beste Chancen auf den Titel.

Nun sind Stilblüten nichts Besonderes in der politischen Rhetorik. Wo gehobelt wird, fallen Späne, wo geredet wird, nun ja, entstehen eben Stilblüten. Unvergessen sind zum Beispiel die Zitate von Helmut Kohl («Entscheidend ist, was hinten rauskommt»). Auch Merkel, Münte-

fering und Co. bringen uns immer wieder zum Lachen.

Stoiber aber hat uns ein neues Stilmittel der Rhetorik beschert: Der Stoiber-Stammel zeichnet sich durch lange und oft stark verschachtelte Sätze aus, in denen Subjekt, Prädikat oder Objekt nach Belieben fehlen dürfen. Satzanfang und Satzende müssen nicht zusammenpassen. Das Ganze wird gewürzt durch zahlreiche «ähs» sowie Füllwörter und Phrasen wie «natürlich», «letzten Endes», «im Grunde genommen» und «im Prinzip». Das ist der Stoff, aus dem die Meisterwerke Stoibers sind: der «Transrapid», die «glodernde Lut» und die legendäre Rede zur Kompetenz-Kompetenz.

Ein Mann, der über solch rednerisches Talent verfügt – so fordert der Stoiber-Fan-Club – darf nicht von der TV-Bildfläche verschwinden. Es gibt sonst viel zu wenig zu lachen in Deutschland.

Der Wunsch des Fan-Clubs hat sich nicht erfüllt. Edmund Stoiber wird zurücktreten. Bald schon wird er keine Reden mehr halten – zumindest nicht in der Öffentlichkeit.

In diesem Büchlein sind deshalb die Perlen

der Stoiber'schen Redekunst zusammengestellt. Auf dass in der vor uns liegenden stoiberfreien Zeit die Erinnerung an den großen Redner nicht verlorengehe.

Ein herzliches Vergelt's Gott, Herr Stoiber.

Inhalt

I bin's, der Edi – Innenansichten

«Man ist ja oft auch ein Idol für die Jugend.»

«Ach, öh, ich bin gut beieinand.»

«Erstens brülle ich nie, zweitens mit Sicherheit nicht im kleinen Kreis.»

«Ich mache nicht nur leere Versprechungen, ich halte mich auch daran.»

«Dass er beliebter ist als ich, respektiere ich. Nur, ich will ja nicht Nachfolger von Günther Jauch werden.»

«Und deswegen setze ich auch ganz bewusst auch auf sehr viel Sachkompetenz, auf offene sachliche Diskussionen.»

«Wenn ich Steuererhöhungen verhindern kann, empfinde ich Dr. No geradezu als Ehrentitel.»

«Ja, ich kann in den Kanon natürlich einmünden.»

«Wenn ich mal dann halbe Stunde 'ne Stunde oder … zwei Stunden am Sonntag im Garten sitz, und es ist einigermaßen gutes Wetter, da tran… da tanke ich Kraft … äh und äh … und ich hab's mir auch angewöhnt, dass ich jeden Tag in der Früh in den Garten schau und vielleicht eine Blume hinrichte oder äh oder aufrichte … ja, und äh … biss'l mähen tu ich und äh … ansonsten sag ich meiner Frau, was ich alles tun würde, und dann macht sie es, beziehungsweise mit dem Gärtner zusammen.»

«Ich weiß nicht, ob Sie mich kennen.»

«Sie kennen mich vielleicht. Ich bin der bayerische Ministerpräsident.»

«Helmut Kohl hat gesagt, ich sei ein Leuchtturm.»

«Wer in der Politik versucht, es allen recht zu machen, wird bald everybody's Depp sein.»

«Ich sage Ihnen das ganz offen. Ich bin Anhänger der Konsensgesellschaft. Ich möchte im Konsens, so weit das nur geht, mit den widerstrebenden Interessen in Deutschland Lösungen erzwingen.»

«Sie wissen, ich bin für jede Kritik offen und für Verbesserungen schon gleich immer.»

«Das war immer ... äh ... schon ... äh ... seit Kindesbeinen ein Traum, Sportreporter zu werden, was ich dann nicht ... äh ... geworden bin.»

«Wer in der Küche arbeitet, muss aber auch die Hitze vertragen. Sonst hat er dort nichts zu suchen.»

«Soweit ist es inzwischen: Wenn ich mit meiner Frau ins Bierzelt gehe, kriegt sie großen Beifall und bei mir ist es unterbrochen mit Pfiffen.»

«An meiner Frau schätze ich ... äh ... ja gut ... äh ... die ... äh ... Attraktivität, die sie über all diese Jahre behalten hat, und ... äh ... und die absolute äääääääh ... Familienorientiertheit.»

«Wahlkämpfe sind ja so etwas wie ein Finale bei einer Weltmeisterschaft. Da geben die Spieler

selbstverständlich immer alles! Das empfinde ich ähnlich.»

«Ich hab … äh … doch … äh … noch nicht … äh … alle … äh … Formulierungen gegenwärtig … äh … in der Hand, die notwendig sind, um dann auch endgültige Entscheidungen zu treffen.»

«Dass Politik eine geistige Führungsaufgabe hat, den Satz unterschreibe ich nicht.»

«Edmund, der Dickschädel – das ist für mich eine Ehrenauszeichnung zur Verfolgung der bayerischen Interessen.»

«Sie wissen, dass ich … äh … gerne auch … äh … erneut antreten möchte, dass ich das aber nicht muss.»

Mir san mir – über Bayern

«Ich möchte für dieses Land arbeiten, ihm dienen, mich zerreißen, damit dieses Land Spitze in Deutschland bleibt.»

«Bayern ist nicht Botswana.»

«München und Nürnberg ist nicht Bayern.»

«Bayern fühlt sich als Lordsiegelbewahrer des Föderalismus in Deutschland und Europa.»

«In Bayern spielt die Landespolitik immer die dominierende Rolle.»

«In Bayern haben wir keinerlei Mangel an direkter Demokratie.»

«Ich habe in erster Linie die Interessen der Bürger Bayerns und nicht Deutschlands im Blick.»

«Wir werden auch … äh … alles tun, dass wir zweifelsohne eben in allen Ländern eine Chance haben, dem Beispiel Bayerns nachzufolgen.»

«Die SPD muss mit Platzeck schon wieder einen Redner holen, der Bayern nur aus der Ferne kennt.»

«Ich habe doch nur meine Pflicht getan. Aber das Angenehme in Bayern ist, dass Kür und Pflicht zusammenfallen.»

«Ich habe noch einiges vor für Bayern.»

«Wir sind ausgelacht worden und ich bin bezichtigt worden, ich würde hier nur schnöde bayerische Interessen vertreten.»

«Die Juden sind neben den Altbaiern, Schwaben und Franken und den heimatvertriebenen Sudetendeutschen in Bayern ein eigener Stamm.»

«Frau Schmidt hat das immer bestritten ... äh ..., dass ... äh ... 1,7 Milliarden Belastung für Bayern stattfinden würden. Sie hat von 36 Millionen gesprochen, ohne ihre Zahlen in irgendeiner Weise zu konkretisieren.»

«Unterhaching ist von der gesamttechnischen Perfektion sehr kompakt.»

«Ja, das ist natürlich einer der ganz besonderen ... äh ... Juwels in Bayern, das Allgäu.»

«Ja, warum denn, mir san doch mir, und wieso denn?»

«Bei uns hat die PDS und die WASG, und wie dieses Gschwerl heißt, überhaupt keine Chance. Wenn es überall so wäre wie in Bayern, hätten wir überhaupt keine Probleme. Nur, meine Damen und Herren, wir haben leider nicht überall so kluge Bevölkerungsteile wie in Bayern. Und deswegen müssen immer ... die Stärkeren müssen manchmal die Schwächeren a Stück mitzagn.»

«Eines der wichtigsten Ereignisse der letzten Jahre war der Besuch des bayerischen Papstes aus Deutschland in Bayern.»

«Sie wissen, dass ich mir eine Überprüfung und Straffung der Staatsaufgaben zum Ziel gesetzt habe. Aber ich versichere Ihnen: Das Bayerische Oberste Landesgericht steht auf keiner Streich-

liste. Dazu ist es für den Freistaat Bayern und für die bayerische Bevölkerung viel zu wertvoll.»

«Mehr kann ich persönlich nicht an Gemeinschaftsaktivität und Gemeinschaftsleistungen erbringen, als letzten Endes das schönste Amt für einen bayerischen Politiker aufzugeben.»

«Und ich sehe das Amt des bayerischen Ministerpräsidenten, anders als vielleicht ein niedersächsischer Ministerpräsident, auf Grund der Tradition und Geschichte Bayerns als meinen persönlichen Traumjob an. Das schließt für mich Überlegungen, ein anderes Amt in Deutschland anzustreben, aus.»

«Ihrem Oberguru Joschka Fischer haben Sie kein Visum für Bayern ausgestellt.»

«Solange ich in Bayern Ministerpräsident bin, wird hier kein einziger Feiertag geopfert.»

«Ihr schließt Theater, wir bauen Museen und schieben ab.»

«Das erwarten die Menschen natürlich, dass man auch, wenn es nottut, dass man bayerische Interessen dann auch gegenüber Berlin vertritt, auch wenn es dann in einer Art Gegensätzlichkeit ist. Wenn man's anders machen würde, dann würde man hier abgestraft werden.»

«Wenn Sie vom Hauptbahnhof in München mit zehn Minuten, ohne dass Sie am Flughafen noch einchecken müssen, dann starten Sie im Grunde genommen am Flughafen am … am Hauptbahnhof in München starten Sie Ihren Flug zehn Minuten – schauen Sie sich mal die großen Flughäfen an, wenn Sie in Heathrow in London oder sonst wo meine sehr … äh … Charles de

Gaulle in ... äh ... Frankreich oder in ... äh ... in, in Rom, wenn Sie sich mal die Entfernungen ansehen, wenn Sie Frankfurt sich ansehen, dann werden Sie feststellen, dass zehn Minuten Sie jederzeit locker in Frankfurt brauchen, um Ihr Gate zu finden. Wenn Sie vom Flug ... äh ... vom Hauptbahnhof starten Sie, steigen in den Hauptbahnhof ein, Sie fahren mit dem Transrapid in zehn Minuten an den Flughafen in, an den Flughafen Franz Josef Strauß, dann starten Sie praktisch hier am Hauptbahnhof in München – das bedeutet natürlich, dass der Hauptbahnhof im Grunde genommen näher an Bayern, an die bayerischen Städte heranwächst, weil das ja klar ist, weil aus dem Hauptbahnhof viele Linien aus Bayern zusammenlaufen.»

«Handys müssen künftig an den Schulen in Bayern ausgeschaltet bleiben. Die Schule ist der Ort des Lernens und nicht des Telefonierens.»

«Bayerische Rinder sind nicht mit BSE verseucht.»

«Äh, natürlich freuen wir uns, das ist gar keine Frage, freuen wir uns, und die Reaktion war völlig richtig, einen ... äh ... sich normal verhaltenden Bär in Bayern zu haben ... äh ... ja, das ist gar net zum Lachen. Äh, und der Bär im Normalfall, ich muss mich ja auch, äh, Werner Schnappauf hat sich hier intensiv mit sogenannten Experten ausgetauscht und austauschen ... äh ... müssen. Nun haben wir, der normal verhaltende Bär lebt im Wald, geht niemals raus und reißt vielleicht ein bis zwei Schafe im Jahr. Äh, wir haben dann einen Unterschied zwischen dem normal sich verhaltenden Bären, dem Schadbär und dem Problembär. Und ... äh ... es ist ganz klar, dass, äh ... dieser Bär ... äh ... ein Problembär ist, und es ist im Übrigen auch, im Grunde genommen, durchaus ein gewisses Glück gewesen, er hat um ein Uhr nachts praktisch diese Hühner gerissen. Und Gott sei Dank war in dem Haus ... äh ... war, also jedenfalls ist das nicht bemerkt worden. Auf Grund von ... äh ... es ist nicht bemerkt worden. Stellen Sie sich mal vor, der war ja mittendrin, stellen Sie sich mal vor, die Leute wären raus und wären praktisch jetzt ... äh ... dem Bär

praktisch begegnet. Äh ... was da hätte passieren können.»

«Die Pfalz ist ja erst 1945 von Bayern befreit worden.»

Die Christlich-Soziale Union

«Unser politischer Aschermittwoch, der bleibt auch in der neuen Halle der größte Stammtisch Deutschlands. Hier ist die Südkurve der CSU.»

«Das gibt es in jeder Familie.»
(über die Auseinandersetzungen an der CSU-Spitze um seine politische Zukunft)

«Frau Pauli ist nicht die CSU und wird es niemals werden.»

«Das Konzept von Friedrich Merz ist … äh … ein beachtlicher Wurf, aber wir müssen ihn jetzt … äh … zur Deckung bringen.»

«Horst Seehofer ist ein politisches Alphatier unserer Partei.»

«Mit Angela Merkel und der Union gilt: Deutschland wird wieder vernünftig regiert. Master- statt Desaster-Politik!»

«Es hat keinen Sinn, die Amerikaner in irgendeiner Weise zu kritisieren.»

«Ein Jahr nach dem Start der Großen Koalition kann man feststellen: Die Regierung hat Tritt gefasst, und bei den Kernproblemen unseres Landes geht es vorwärts.»

«Insgesamt ... äh ... ist das ein wuchtiger Schritt in die Richtung mehr Reformen.»

«Wir machen jetzt einen Drei-Generationen-Vertrag: Vater, Großvater, Kind und Enkel. Wenn ich, wenn ich also das Kind des Großvaters, das Kind sozusagen jetzt einen Enkel hat, ein kleines Kind hat, bekommt es für dieses Kind letzten Endes auch einen Bonus.»

«Ich favorisiere niemanden, nur man muss, wenn die ganze Spitze der CDU, die ja nun eine föderale Partei ist, und die Landesverbände spielen da eine Rolle innerhalb der CDU.»

«Mit SPD und Grünen geht das hinten und vorne nicht. Mit CDU und CSU geht das vorne und hinten, in jeder Beziehung.»

«Wir sind stolz, in der CSU zu sein, und wir ertragen alles, was sozusagen hier, ob's der eine oder der andere sagt, die Gesamtheit ist ein großartiges Kunstwerk, da wollen wir dran arbeiten, dass es so bleibt.»

«Wir wollen die Lufthoheit über den Stammtischen behalten ...»

«Die sozialen Sicherungssysteme sind nicht so einfach auf den Bierdeckel zu fixieren.»

«Wir werden sehen, was wir dann am Ende hinbekommen. Dass wir etwas hinbekommen – nämlich einen großen Wurf –, davon bin ich überzeugt.»

«Damit geht man natürlich auch von unserer Seite über 1:1 hinweg, das darf man auch nicht so sklavisch sehen, sondern das soll ja bedeuten, dass man grundsätzlich nicht wesentliche Dinge draufsattelt und sich immer vor Augen führt: Eigentlich ist eine 1:1-Umsetzung das Beste.»

«Wer versuchen sollte, zwischen mir und Späth einen Spalt zu entdecken, wird auf die Nase fallen.»

«Wir werden knapp, aber deutlich vor der SPD liegen.»

«Wir machen nicht den Schröder. Wir machen keine unseriösen Wahlversprechen.»

«Die Merkel, der Stoiber, der Koch, der Wulff, der Müller und alle anderen, die halten zusammen, die ziehen an einem Strang.»

«Wer ehrliche Politik betreibt, kann nicht den Menschen versprechen, wir werden auf jeden Fall wieder Weltmeister.»

«Es muss zu schaffen sein, meine Damen und Herren, wenn ich die CDU anseh', die Repräsentanten dieser Partei, an der Spitze, in den Ländern, in den Kommunen, dann bedarf es nur noch eines kleinen Sprühens sozusagen in die gludernde Lot, in die gludernde Flut, dass wir das schaffen können und deswegen – in die lodernde Flut, wenn ich es sagen darf.»

«Ja, ich hab … äh … äh … ich hab … äh … äh … natürlich … äh … auch gesehen … äh …, wo wir jetzt einen entsprechenden Erfolg schon sehen.»

«Wir haben uns selbstverständlich auf alle Möglichkeiten vorbereitet, aber es wurden keine Rollen verteilt und keine Inszenierung vorbereitet."

«Meine Kritik ist eben, das ist ja keine singuläre Kritik, dass äh das Papier, der Entwurf auf vielfäl-

tige Vorbehalte stößt, weil viele sagen, die Eckpunkte sind ja nicht umgesetzt, das – glaub ich – muss jetzt korrigiert werden.»

«Ich kann mir nicht vorstellen, dass es einen Bereich gibt, wo das Wirtschaftsministerium nicht gefragt werden muss.»

«Ich habe natürlich dargelegt, dass ich als Parteivorsitzender, der auch ein Stück seines Lebens der Idee der CSU gewidmet hat und es auch weiter tut, ja wie ein Hund darunter leide, dass jetzt gegenwärtig das Ansehen der CSU ein Stück weit Schaden genommen hat.»

«Äh … es gibt natürlich jetzt auch noch sehr, sehr viel zu analysieren. Eines steht sicherlich fest, dass in Bayern der Verlust der CSU, der sicherlich schmerzlich ist, was Erststimmen anbelangt, wir ein Ergebnis von 55 Prozent haben … äh … der Abstand zwischen dem

Zweit-stimmenergebnis zum ... äh ... Erststimmenergebnis ... äh ... lässt sich natürlich ... äh ... auch damit erklären, dass ... äh ... die FDP nun in besonderer Weise erfolgreich war mit ... äh ... ihrer Zweitstimmenwerbung und ... äh ... fünf Prozent ... äh ... Zuwachs an Zweitstimmen für die FDP in Bayern geht natürlich ... äh ... in allerallererster Linie zu Lasten der CSU, und natürlich der ... äh ... Bayernbonus ... äh ... des Jahres 2002, ein Kanzlerkandidat aus dem Lande Bayern, das ... äh ... lässt sich natürlich nicht ... äh ... dauernd wiederholen, und ... äh ... jetzt ... äh ... geht es darum, sicherlich nicht schönzureden – das wäre auch falsch – aber die Union hat insgesamt ... äh ... verloren und ... äh ... das hat ... äh ... natürlich auch ... äh ... in Bayern seinen Niederschlag gefunden. Auf der anderen Seite bleibt es dabei, dass kein ... äh ... kein Land in Deutschland, kein Land bislang über vierzig Prozent gekommen ist, auch nicht in Baden-Württemberg. Es ist auch zu analysieren, warum vor allen Dingen die ... äh ... Landtagswahlergebnisse, die man ja vor kurzem noch ... äh ... erreicht hat ... äh ... in Norddeutschland und natürlich auch in Nordrhein-Westfalen, dass hier auch ... äh ... gegenüber den erst vor kurzem stattgefundenen Landtagswahlergebnis zum Beispiel in NRW elf Prozent zurückgegangen sind ... äh ... das muss man sehen, das heißt also, unser Bezugpunkt darf nicht nur sein, die ... äh ... Bundestagswahl in 2002, wo wir insgesamt eben stimmmäßig erfolgreich abgeschnitten haben, aber man muss letztendlich auch sehen, dass der Erfolg damals im Jahre 2002, die Zunahme auf 35 auf 38,5 Prozent, das heißt, die dreieinhalb Prozent Zuwachs der CDU/CSU basierten natürlich auf der Million Stimmen, die in Bayern zusätzlich erreicht worden sind und in ... äh ... und in ... äh ... äh ... Baden-Württemberg, und dieses ist heute so nicht festzustellen und es geht jetzt aber vor allen Dingen darum, nach vorne zu blicken und sehr schnell auch die Gespräche zu beginnen.»

«Der Zwang, eine stabile Regierung zu bekommen, wird sicherlich den einen oder anderen Vorbehalt, den der eine oder andere gegen dieses

oder jenes Regierungsbündnis hat, ganz erheblich berühren.»

«Eine Volkspartei muss sich zunächst nach der Bevölkerung ausrichten und nach der Masse der Bevölkerung. Und wer Stammtische diffamiert, der diffamiert die Bevölkerung.»

«Vorher liegt das ja in der Schublade. Und wenn es so weit ist, sind alle Einigungen, die wir jetzt treffen, immer natürlich auch ... äh ... im Grunde genommen unter den ... äh ... ja Damoklesschwert, aber sie stehen natürlich unter der Entwicklung der nächsten zwei Jahre.»

«Die CSU steht wie ein Mann und wie eine Frau hinter Ihnen!»

«Solche Schulmeistereien, die Ministerpräsidenten sollen sich jetzt mal raushalten, die bringen uns wirklich nicht weiter.»

Die politischen Gegner

«Schröder führt die Bundesrepublik wie eine Abbruchzentrale.»

«Im Jahr 2000 hieß es locker: Hol mir mal 'ne Flasche Bier. Wer Schröders Bilanz heute ansieht, der wird sagen: Flasche leer! Wir haben fertig!»

«Frau Künast kann was dafür, dass sie von einer Kuh so viel versteht wie Muh.»

«Die Mitte hat keine Farbe. Aber rot ist sie mit Sicherheit nicht.»

«Das ist Politik nach dem Drei-Affen-Prinzip: Nichts sehen, nichts hören, nichts sagen.»

«Passiert ist nichts. Nichts ist passiert. Nichts, meine Damen und Herren, als Propaganda. Lauter Worthülsen. Ein Feuerwerk an Worthülsen.»

«Gegenwärtig habe ich den Eindruck, dass Chirac der Koch ist und Schröder der Kellner.»

«Die SPD sollte die Kraft haben, sich von manchen rot-grünen Fixierungen zu lösen. Dafür ist Beck sicherlich der richtige Mann.»

«Der Vorsitzende der SPD muss wissen, was er tut, wenn er die SPD permanent in Stellung bringt gegen die Vorsitzende der CDU, gegen die Bundeskanzlerin Angela Merkel, das ist eine absolute Störung des Klimas.»

«Jetzt verweigert Außenminister Fischer seiner österreichischen Kollegin den Händedruck, aber bedenken Sie, was er in seiner Zeit als Straßen-

kämpfer und Hausbesetzer schon alles in der Hand gehabt hat.»

«Ich glaube, dass in dieser Republik noch nie so viel gequatscht und so wenig entschieden worden ist.»

«Das, was wir letzten Endes an öffentlichen Auseinandersetzungen hatten im Wege der Gesundheitsreform, das wird sich im Jahre 2005 mit Sicherheit nicht mehr wiederholen.»

«Rot-Grün hat aus Deutschland ein Irrenhaus gemacht.»

«Ich bin schon etwas erstaunt über die Chuzpe meiner Kollegin Simonis. [...] Bei einer solchen Bilanz würden mir die Bürgerinnen und Bürger in Bayern das Dach abdecken.»

«Wir werden es dem Bundeskanzler nicht durchgehen lassen, uns gewisse unsoziale Verhaltensweisen an den Tag zu legen.»

«Nun muss ich ganz nüchtern feststellen, drei Jahre Helmut, drei Jahre Gerhard Schröder, drei Jahre, drei Jahre Gerhard Schröder bedeuten Abbau der Arbeitsplätze; wir haben ... äh ... wir haben weniger, wir haben mehr Arbeitslose in den neuen Ländern.»

«Ich garantiere Ihnen, wenn wir die Regierung übernehmen, werden wir die Unumkehrbarkeit wieder umkehren.»

«Die FDP darf nicht einmal mitreden, also, Herr Westerwelle ... äh ... wozu sind Sie eigentlich da?»

«Eine Regierung, der bei dieser Massenarbeitslosigkeit nichts mehr einfällt, ist ökonomisch gescheitert. Sie sollte die Koffer packen und abtreten.»

«Natürlich ist der Mannschaftsteil der SPD respektabel, gar keine Frage.»

«Herr Müntefering ist als Parteivorsitzender natürlich ein Eckpfeiler einer Großen Koalition. Dieser Eckpfeiler ist verändert.»

«Hartz IV ist ja wiederum – ja, wenn ich das so sagen darf – ein Rohrkrepierer.»

«… dass Sie es nicht geschafft haben, die Schere zwischen Ost und West zusammenzubringen …»

«Das sind Sesselkleber. Fischer klebt doch heute in Berlin genauso mit Pattex an seinem Sessel wie bis zuletzt Frau Simonis in Kiel.»

Alles über Deutschland

«Ich liebe Deutschland, meine sehr verehrten Damen und Herren. Und wenn man dieses Land liebt, dann muss man mehr tun, als bei einem Sieg der deutschen Fußballmannschaft sozusagen aufzuspringen und sich zu freuen.»

«Jeder soll nach seiner Fasson leben – egal ob homosexuell oder lesbisch.»

«Das rot-grüne Gesetz sieht sogar vor, dass beispielsweise ein Mann, der eine homosexuelle Partnerschaft besiegelt hat, noch zusätzlich eine Frau auf dem Standesamt heiraten kann. Das ist der gemischte flotte Dreier mit dem Segen des Gesetzgebers! In welchem Staat leben wir denn eigentlich?»

«Wenn ich über steuer- und erbrechtliche Anerkennung von homosexuellen Paaren diskutiere, dann kann ich gleich über Teufelsanbetung diskutieren.»

«Unsere Großeltern und Eltern haben das Wirtschaftswunder auch nicht mit der 35-Stunden-Woche geschafft.»

«... sie [die ostdeutschen Länder] müssen sich noch mehr darauf konzentrieren, dass sie mehr selber leisten müssen. Man kann nicht immer nur auf die Leistungsstarken rechnen und hoffen.»

«Der Unterschied ist ja nicht ... äh ... äh ... ist ja nicht so substanziell, wie Sie ihn vermuten ... äh ... das heißt ... äh ... letzen Endes ... äh ... werden all die Länder, die jetzt ... äh ... die ... äh ... Rechtschreibreform zum 1. August in Kraft setzen, diese Länder werden ja noch einmal

dann … äh … nach dem Beschluss der Kultusministerkonferenz das übernehmen, was der Rat der Rechtschreibung vorschlägt.»

«… wir müssen den Kindern mehr Deutsch lernen.»

«Nehmen wir uns doch ein Beispiel an den Franzosen, die selbstbewusst und schöpferisch die anglisierte Terminologie in die eigene Sprache übersetzen! Seien auch wir auf Linie.»

«Ich kenne auch die deutsche Bevölkerung. Sie respektiert diesen großartigen Kampf, sie respektiert und anerkennt diese großartige Leistung, ob sie jetzt Vizeweltmeister oder Weltmeister ist.»

«Ich bin der festen Überzeugung, dass … äh … die DNA-Analyse der genetische Fingerabdruck …

äh … des 21. Jahrhunderts … äh … ist werden und vielmehr werden muss.»

«Es geht Ihnen vielleicht auch so, die alten Diskussionen laufen immer noch auf D-Mark, und man muss dann sehr schnell mal durch 2, auf 2, also mal 2 rechnen.»

«Man kann ja nicht ein Volk zum Versuchskaninchen von Herrn Kirchhof machen wollen.»

«Wenn ich sehe, wie sich Deutschland entwickelt, bedauere ich zutiefst, nicht selbst deutscher Bundeskanzler zu sein.»

«Wir sind von der Verschuldung, von den Arbeitskosten, von der Arbeitslosigkeit, von der Mutlosigkeit sind wir Letzter.»

«Es hat auch nette Nazis gegeben.»

«Also, Deutschland wird jetzt nicht nur am Hindukusch verteidigt, sondern auch in Hindelang.»

«Wenn man, meine sehr verehrten Damen und Herren, Milliardengewinne macht und gleichzeitig verkündet, man stellt sechstausend Leute ein, stellt sechstausend Leute aus, dann ist das eine Geschmacklosigkeit, eine Unfähigkeit, dann ist das unakzeptabel und natürlich auch kritisierbar.»

«Jedem muss klar sein: Hier gilt das Grundgesetz und nicht die Scharia, meine Damen und Herren.»

«... dann hätte man für Deutschland eine Regelung ... äh ... hätte keine regellose Regelung, und die Länder, die, die das nicht regeln woll'n, ha ... ham dann 'ne Bundesregelung, und die

Länder, die das regeln woll'n, können dann das für sich regeln.»

«Verfassung, das bedeutet letzten Endes Kompetenz-Kompetenz. Kompetenz-Kompetenz. Wer hat die Kompetenz-Kompetenz? Übertragen die Nationen die Kompetenz auf Europa oder hat Europa schon an sich die Kompetenz-Kompetenz?»

«Wenn die Bundeswehr tote Vögel einsammeln kann, dann muss sie auch zum Schutz Hunderttausender unserer Bürger eingesetzt werden können.»

«Ich sage noch einmal: Der Geldbeutel wird niemals darüber entscheiden, ob jemand studieren kann oder nicht.»

«Tatsächlich wirft das Internet Probleme im Datenschutz auf. Auch eröffnet es den Anbietern

von Schmutz und Schund bislang ungeahnte Möglichkeiten, wenn nicht über wirksame Schutzmaßnahmen nachgedacht wird.»

«Wir brauchen die Bundeswehr zur Gewährleistung der optimalen Sicherheit, weil wir sonst die optimale Sicherheit nicht gewährleisten können.»

«Wir werden älter, wir werden weniger.»

«Die Jungen werden weniger, die Alten werden mehr.»

«Wir wollen keine Kaffeestunden.»

«Ich habe heute Nachmittag deutlich unterstrichen, dass ich niemals zustimmen kann für deutsche Bundeswehrsoldaten als Kampfgruppe zwischen der Hisbollah und der israelischen Grenze.»

«Ich glaube, dass da viel zu kritisch darüber auch ... äh ... berichtet wird ... äh ... und man zu kritisch mit der Gesundheitsreform ins Gericht geht.»

«Es wird mir zu wenig geredet.»

«Wir nehmen an Steuern 190 Milliarden praeterpropter ein und wir geben 250 Milliarden praeterpropter aus.»

«Der Besitz von Doping muss ein kriminelles Unrecht ... äh ... als kriminelles Unrecht gebrandmarkt werden.»

«Ich bin vor allen Dingen der Meinung, dass das Pflanzenöl im Grunde genommen nicht jetzt einer Steuer unterworfen werden darf und unterworfen werden soll.»

«Die neuen Arbeitslosenzahlen zeigen einen dramatischen Tag … äh … für Deutschland.»

Hartz IV stellt zum Teil den Grundsatz auf den Kopf, dass der, der arbeitet, mehr in der Tasche haben muss als der, der nicht arbeitet. Wenn Hartz IV in Einzelkonstellationen dazu führt, dass … äh … jemand mehr in der Tasche hat als wie eine Frisösin, als wie ein Angestellter in einer Bäckerei oder ein Taxifahrer, dann kann etwas nicht stimmen. Und zum anderen läuft uns das alles aus dem Ruder.»

«Nur dann, wenn alle an einem Strang ziehen in Richtung Deutschland, wird diese Große Koalition ein Erfolg.»

«Das aber der Aufschwung gegenwärtig … äh … ganz entscheidend vom … äh … Anstieg der Verbraucher, vom … äh … von den, na ja, von den stärkeren, vom Konsum, dass es davon abhängt.»

«Es regnet, und bei der Staatsregierung tut man nichts dagegen.»

«Im Fernsehen gibt es nur noch kaputte Familien. Außer den Simpsons gibt es keine normale Familie mehr im TV.»

«Es wird natürlich weiterhin Spaß und Freude geben, das soll es auch, aber diese Spaßgesellschaft ist vorbei, wo die Love-Parade das Lebensgefühl einer ganzen Republik auszudrücken schien – das ist vorbei.»

«Wir sind das Land, das am wenigsten Arbeitsplätze abbaut. Wir sind Schlusslicht im Abbau der Arbeitsplätze.»

Einwandern, zuwandern, auswandern?

«Die durchrasste und durchmischte Gesellschaft ist eine Gefahr für Deutschland.»

«Wir wollen, dass die christlich-abendländische Kultur die Leitkultur bleibt und nicht aufgeht in einem Mischmasch.»

«Das kann mit Sicherheit … äh … muss eine Begrenzung der Zuwanderung her, die im Gesetz weder in der Begründung noch im Gesetz steht.»

«Wer randaliert, fliegt raus, und wer kein Deutsch kann, kommt nicht rein, meine sehr verehrten Damen und Herren!»

«Erstens: Es muss ... äh ... zum Beispiel bei vier Millionen Arbeitslosen in Deutschland – generell den Anwerbestopp für Arbeitnehmerinnen und Arbeitnehmer außerhalb der Europäischen Union aufzuheben, halte ich für falsch, das kann man den Millionen von Arbeitslosen in Deutschland nicht ... äh ... deutlich machen, hier stimme ich sogar ausnahmsweise mal mit Oskar Lafontaine überein, der das ... äh ... äh ... am Sonntag vor einer Woche hier auch so deutlich gemacht hat. Äh ... zweiter Punkt: Ich halte also die Begren... ich halte den Anwerbestopp – der muss ... äh ... kann nicht generell aufgehoben werden. Zweitens: Es kann mit Sicherheit – muss eine Begrenzung der Zuwanderung her, die im Gesetz – weder in der Begründung noch im Gesetz steht. Dritter Punkt: Ich halte es für absolut unverantwortlich, bei 4,3 Millionen erwarteten, von der Bundesregierung bereits prognostizierten Arbeitslosen im – im – im – im Februar oder März halte ich es für unverantwortlich zu sagen: Wenn irgendwo in einem Arbeitsamtsbezirk, irgendwo in einem Teilmarkt jetzt ein Problem von – von – von – von Kräften besteht, dass ich also bestimm-

te Arbeitsplätze nicht besetzen kann, dann soll sofort der Arbeitsmarkt für ausländische Arbeitskräfte aufgemacht werden, ohne dass man sich kümmert darum, ob ich die vielleicht in Hamburg oder ob ich die vielleicht in Erfurt oder wo auch immer bekommen kann, ich muss zunächst einmal den nationalen Arbeitsmarkt abschöpfen.»

«Ich will nicht, dass unser Land sowjioniert wird.»

«Bei Verweigerung der Integration müssen Sanktionen möglich sein von Sozialleistungskürzungen bis letztlich hin zur Ausweisung.»

«Wenn wir mit dieser neuen Staatsbürgerregelung etwa die ganze Kurdenproblematik und das damit verbundene massive Gewaltpotenzial nach Deutschland importieren, schätze ich die Gefährdung der Sicherheitslage höher ein als bei der RAF in den siebziger- und achtziger Jahren.»

«Das Zuwanderungsgesetz muss ein Zuwanderungsbegrenzungsgesetz sein.»

«Das heißt also Absenkung des Nach…, des, des, des, des, des, na, des, des Alters, des Alters der Kinder, wenn sie, des Nachzugsalters; dann kommt der fünfte Punkt, und der sechste Punkt kommt dann sicherlich die Fragen gleich – ge…, äh … nicht gleich geschle…, sondern, äh … ob ich auch, äh … äh … Asylgründe schaffe außerhalb der politischen und der rassistischen Verfolgung, also auch Gründe … äh … wenn aus, wenn, wenn andere Gründe sozusagen also aus dem Geschlecht oder ähnlichem … äh … stattfinden, also wenn Frauen, die irgendwie wegen ihres Frauseins irgendwo verfolgt werden.»

«Wir müssen den Zuwanderern sagen, dass sie auch eine Lernpflicht haben. Man kann nicht von unserem Staat Sozialgeld oder Arbeitslosengeld II beziehen und gleichzeitig keinen eigenen Beitrag zur Integration leisten.»

«Wenn wir das heute in beschränktem Umfang zulassen, wird das zu einer generellen Öffnung führen.»

Glaubenssache

«Die Würde des Menschen ist unantastbar, das fließt aus der Christianisierung unseres Landes heraus.»

«Unser Land ist seit 1500 Jahren vom Christentum geprägt und nicht vom Islam.»

«Wir verneigen uns nicht vor dem Zeitgeist, sondern vor dem Kreuz.»

«Wer den Ruf des Muezzins in Berlin verlangt, sollte auch in Riad und Teheran das Glockenläuten zulassen.»

«Die Feiertage sind das kulturelle Tafelsilber unseres Volkes.»

«Für die Menschen in unserem Land und für mich persönlich geht heute ein Herzenswunsch in Erfüllung: Unser deutscher Papst kehrt in seine bayerische Heimat zurück.»

«Zum ersten Mal seit tausend Jahren kommt ein bayerischer Papst nach Bayern. Und natürlich auch ein Papst aus Deutschland.»

«Ja, eine Audienz beim Papst tut in allen Lebenslagen gut. In dieser, in der ich mich gegenwärtig befinde, besonders.»

Die Kanzlerfrage

«Wir haben einen Kanzler, aber die SPD hat noch nicht einmal einen Kanzlerkandidaten.»

«Ich akzeptiere nicht, dass erneut der Osten bestimmt, wer in Deutschland Kanzler wird. Es darf nicht sein, dass die Frustrierten über das Schicksal Deutschlands bestimmen.»

«Und wenn ein Kanzlerkandidat antritt 1998 und er sagt: Ich mache das Ost, ich mache den Osten zur Geschäftssache Ost […].»

«Wenn Sie wollen, dass sich was ändert, müssen Sie den Lothar wählen, aber davor müssen Sie mich zum Kanzler machen!»

«Ich werde eher Trainer vom FC Bayern München als Kanzlerkandidat der Union.»

«Ich nehme Schröder direkt ins Visier.»

«Den [Bundeskanzler Stoiber] wird es nicht geben. Jeder Kanzler der Union würde das besser machen. Wie immer der Herbst 2002 auch heißen mag.»

«Ich bin bereit, für Deutschland auch in Berlin Verantwortung zu übernehmen!»

«Bayerischer Ministerpräsident, das ist mein Leben. Das ist meine Passion. Meine Aufgabe, solange ich Politiker bin.»

«Demnächst wird die Gleichstellungsrichtlinie erzwingen, dass der nächste Bundeskanzler eine Frau wird.»

«Das war dann, was war, was war denn der Lohn? Der Lohn war, dass in Folgerung ist, man würde einen sozialen Kahlschlag machen und äh, die jetzige Regierung hat gesagt, sie würden es alles wieder zurückgehen, es gebe keine demographische Reformen ... äh ... wählt Schröder, und es gibt keine Bevölkerungsprobleme mehr! [...] Und um das zu ändern, muss ich also ins Kanzleramt einziehen und Mehrheiten haben, im Bundestag, dann kann ich's machen, was ich will!»

«Ich habe viele Wahlkämpfe geführt mit hoher Emotionalität. Da habe ich keinen Nachholbedarf.»

«Das Land braucht keine Stimmungskanone, sondern einen Kanzler, der die Probleme anpackt und keine Ablenkungsmanöver startet.»

«Ich möchte euch herzlich darum bitten, mir die Chance zu geben, einen Neuanfang für Bayern zu beginnen.»

«Es tut mir leid, dass ich mit meiner Entscheidung unsere Partei und Sie alle hier in eine nicht einfache und auch schwierige Lage gebracht habe.»

Gedanken zu Europa

«Bayern, das sind die Berge mit den Gipfelkreuzen, das sind die Kruzifixe in den Schulen. Dann passt die Türkei schon deswegen nicht in die Europäische Union.»

«Ich sehe die Ukraine viel eher in der EU als die Türkei. Der Westteil mit Lemberg gehörte lange zum österreichisch-ungarischen Habsburg-Reich. Das ist Mitteleuropa.»

«Das zeigt ja schon, dass wir uns nicht im Mainstream der europäischen, der … äh … europäischen Linie bewegen.»

«Wir sind bereit zu einer weiteren, vertieften, vertrauensvollen Zusammenarbeit mit Ihrem Land. Wobei ich nochmal sagen möchte: Da spielen

auch Emotionen eine Rolle, weil ich glaube, dass die Mentalitäten zwischen den Bayern und den Russen, aber auch den Russen und den Deutschen sehr ähnlich sind.»

«Die Europa-Politik wird vor allem auch vom Ministerpräsidenten repräsentiert.»

Philosophisches

«Auch ein Lattenschuss ist leider kein Tor, und wenn er noch so schön auf der Linie rollt.»

«Auf einem Schiff, das leck ist, kann ich mich nicht mit dem Kapitän darum raufen, wer der bessere Kapitän ist.»

«Schöner als schön gibt es nicht.»

«Wer für alles offen ist, ist nicht ganz dicht.»

«Das ist wiederum einfach so aus der hohlen Hand herausgerissen.»

«Ein Kompromiss ist immer ein Aufeinander-zu-Gehen, sonst kann man keinen Kompromiss erreichen.»

«Man soll kein Spiegelei bestellen, bevor nicht das Ei gelegt ist.»

«Das ist eine … ein wunderbares Drama, aber wir sind kein Drama.»

«Ist die Chance vertan worden, muss man die Chance erneut nutzen, gibt es eine Verlängerung, gibt es Elfmeterschießen.»

«Dass man natürlich auch unter dem Vorbehalt der genauen Formulierungen Entscheidungen trifft, ist klar.»

«Wer macht schon keine Fehler?»

«Wenn man hier über gewisse Dinge nicht diskutiert, werden wir in zwei, drei Jahren bitter aufwachen, dass wir entscheidende Fragen nicht diskutiert haben, während wir gleichzeitig nur über die Frage der Aufklärung gesprochen haben.»

«Relativ große Worte, relativ kleine Taten. Von allem bleibt nur eines übrig: relativ wenig!»

«Ohne Macht ist nichts zu machen.»

«Das ist ein Tag, der weit über die nächsten Wochen und Monate, vielleicht sogar Jahre hinausreicht.»

«Eine Kabinettsbildung ist immer auch eine Quadratur des Kreises.»

Bonusmaterial:

Das sagen die anderen

«Wenn das, was Herr Stoiber fordert, sozial und christlich ist, dann ist Papst Benedikt VXI. in Rom ein roter Freischärler aus den Abruzzen.»

(Fritz Schösser, Vorsitzender des DGB-Bezirks Bayern)

«Stoiber kennt den Begriff Krippe nur im Zusammenhang mit Weihnachten.»

(Franz Müntefering, Vizekanzler)

«Stoibers Verhalten stellt ein lautes Pfeifen im Keller dar.»

(Gerhard Schröder, Altbundeskanzler)

«1349: Die Pest. 1892: Die Cholera. 1962: Die Flut. 2002: Der Stoiber. Hamburg bleibt auch nichts erspart.»

(Demonstranten in Hamburg 2002)

«Stoibers Motto war Laptop und Lederhose – und jetzt kommt er mit Plastikflasche und Aludose raus.»

(Jürgen Trittin, Ex-Umweltminister)

«Wir lassen uns natürlich nicht verprügeln von Merkel und Stoiber und von Söder schon gar nicht.»

(Gerhard Schröder, Altbundeskanzler)

«Edmund Stoiber und ich sind auch Menschen mit Herz.»

(Angela Merkel, Bundeskanzlerin)

«Man kann Bayer sein und gesamtdeutsch denken.»

(Guido Westerwelle, FDP-Chef, an die Adresse Stoibers)

«Stoiber hat ja einschlägige Erfahrungen damit, dass er Gerhard Schröder das Wasser nicht reichen konnte.»

(Wolfgang Kubicki, FDP-Politiker, zu Edmund Stoibers angeblicher Äußerung, Merkel und Westerwelle seien dem Bundeskanzler nicht gewachsen)

«Über seine Rolle haben wir gemeinsam – und jeder für sich alleine – oft gesprochen.»

(Angela Merkel, Bundeskanzlerin)

«Stoiber, Stoibera, Stoiberu, Stoibera, Stoiberom, Stoiberje.»

(Angela Merkel, Bundeskanzlerin, auf die Frage, ob sie den Namen Edmund Stoiber deklinieren könne)

«Wir tragen für vieles Verantwortung, aber das schlechte Wetter ist Herrn Stoiber zuzuschreiben.»

(Joschka Fischer, Ex-Außenminister)

«Stoiber erweist sich als Kanzlerkandidat der Beliebigkeit. Es gibt Anzeichen dafür, dass er weichgespült wurde.»

(Ronald Schill, Ex-Innensenator von Hamburg)

«Nachdem Stoiber noch nichts gesagt hat, weiß ich nicht, was mein Wille ist.»

(Günther Beckstein, bayerischer Innenminister)

«Jamaika ist keine Option. Können Sie sich Angela Merkel oder Edmund Stoiber mit Dreadlocks vorstellen?»

Joschka Fischer, damaliger Außenminister, zur möglichen «Jamaika-Koalition» nach den Bundestagswahlen, 19. September 2005

«Stoiber lag im Liegestuhl, während Gerhard Schröder durch die Fluten watete.»

(Ludwig Stiegler, ehemaliger Fraktionschef der SPD)

«Stoiber hat den halben Kreidefelsen auf Rügen aufgefressen, um seine ‹aggressive Stimme› zu verstellen.»

(Ludwig Stiegler, ehemaliger Fraktionschef der SPD)

«Was Herr Stoiber heute vorgelegt hat, das ist einmal durch die Wurstküche gefegt und zusammengekehrt.»

(Joschka Fischer, Ex-Außenminister)

«Das Wahlprogramm von Edmund Stoiber enthält so viel heiße Luft, dass man damit ganz Bayern einschließlich der Alpen beheizen könnte.»

(Wolfgang Clement, Ex-Wirtschaftsminister)

«Stoiber könnte im Netzhemd auf die Love Parade gehen, und er würde damit kein Liberaler der Mitte.»

(Guido Westerwelle, FDP-Chef)

«Im Zweifelsfall hält es Edmund Stoiber lieber mit den Akten als mit den Nackten.»

(Günther Beckstein, bayerischer Innenminister)

«Stoiber ist wie der Scheinriese in ‹Jim Knopf›: Je näher er kommt, desto kleiner wird er.»

(Heide Simonis, Ex-Ministerpräsidentin von Schleswig-Holstein)

«Stoiber: Zum ersten Mal soll ein Bayer Deutscher werden.»

(Matthias Richling, Kabarettist)

«Ich kann mir nicht vorstellen, dass sich ausgerechnet der bayerische Ministerpräsident von Frau Merkel die Lederhosen ausziehen lässt.»

(Oskar Lafontaine, Fraktionsvorsitzender der Linkspartei)

«Wenn Sie von München nach Berlin … in 65 Jahren, dann starten Sie im Grunde genommen, starten Sie Ihre Bundeskarriere, 65 Jahre, schauen Sie sich mal die großen Präsidenten an in London oder sonst wo, Charles de Gaulle in Frankreich oder in … äh … Rom, dann werden Sie feststellen, dass 65 Jahre Sie jederzeit locker in München brauchen, um das Kanzleramt zu finden. Wenn Sie vom Wirtschaftsministerium … äh … der Staatskanzlei einsteigen – das bedeutet natürlich, dass im Grunde genommen das Kanzleramt näher an Bayern heranwächst, weil das ja klar ist, weil alle Linien in Bayern zusammenlaufen. Lieber Herr Stoiber: Herzlichen Glückwunsch zum 65.Geburtstag.»

(Jürgen Trittin, Ex-Umweltminister, gratuliert Edmund Stoiber zum 65. Geburtstag)

«Edmund Stoiber wird 65 Jahre – das muss man sagen: So alt wird in Bayern kein Bär.»

(Harald Schmidt, Moderator und Entertainer)

«Im Gegensatz zum bayerischen Ministerpräsidenten, der Tee im Maßkrug hat, habe ich ein echtes Bier mit auf die Bühne genommen, wie es sich in Bayern gehört.»

(Kurt Beck, SPD-Vorsitzender)

«Im Gegensatz zu Stoiber war Pelé dreimal Weltmeister.»

Béla Réthy, Sportreporter

«Wer vor einem halben Jahr behauptet hätte, dass Edmund Stoiber mal überlebensgroß an der CDU-Bundeszentrale hängen würde, der wäre für verrückt erklärt worden.»

(Michael Spreng, Leiter des Stoiber-Wahlkampf-Teams 2003)

«Edmund Stoiber ist dabei, sich gedanklich auch in die Seelenlage der CDU zu versetzen.»

(Friedrich Merz, CDU-Politiker)

«Die CSU wird nur jemand ins Rennen schicken, von dem sie sicher glaubt, dass er die absolute Mehrheit bringt – und der Edmund Stoiber hat die Performance dazu.»

(Michael Glos, Wirtschaftsminister, zur Kanzlerkandidaturfrage)

«Stoiber ist wie Nero, und der hat bekanntlich Rom angezündet.»

(Ludwig Stiegler, ehemaliger Fraktionschef der SPD)

«Dank Edmund Stoiber wissen wir jetzt endlich alle Bescheid: Alle Menschen außerhalb Bayerns sind Deppen. Die klugen Bevölkerungsteile leben natürlich im Land der Lederhosen und Weißwürste.»

(Jochen Dieckmann, Ex-SPD-Chef in Nordrhein-Westfalen)

«Edmund Stoiber ist vor allem sexy, dies ist für uns Frauen besonders wichtig.»

(Gloria von Thurn und Taxis, Fürstin)

«Wenn Sie den Namen Stoiber nennen, dann kommt Stimmung auf.»

(Lothar Hegemann, Delegierter der CDU)

«Man hat gelegentlich den Eindruck, dass da bei Herrn Stoiber, bei Herrn Teufel und Herrn Koch die rechte Hirnhälfte nicht weiß, was die linke so phantasiert. Vielleicht ist es auch ehrenrührig, eine linke Gehirnhälfte zu unterstellen.»

(Jürgen Trittin, Ex-Umweltminister)

«Stoiber will, dass zwischen dem TV-Duell und der Wahl möglichst viel Zeit ist, damit seine Berater erläutern können, was der Kandidat eigentlich sagen wollte.»

(Matthias Machnig, SPD-Bundesgeschäftsführer, über den Streit über den Termin der Fernsehduelle)

«In der CSU gibt es so einen Krach um die Nachfolge von Stoiber, dass man schon gesagt hat: Liebe Freunde, wenn's wirklich eng wird – mein Gott, dann macht es halt eine Weile der Franz.»

(Harald Schmidt, Moderator und Entertainer)

«Es ist ein Gerücht, dass Schönbohm und Stoiber auf unserer Honorarliste stehen.»

(Lothar Bisky, Vorsitzender der Linkspartei)

«Jetzt ist er nicht mehr der Pfau, sondern das Suppenhuhn in München.»

(Ludwig Stiegler, ehemaliger Fraktionschef der SPD, über Stoibers Zickzackkurs zwischen Berlin und München)

«Stoiber hat Bayern missbraucht, um sich als besserer Merkel zu profilieren.»

(Sepp Daxenberger, Landeschef der bayerischen Grünen)

«Durch die Ausführungen des Edmund Stoiber haben sich über die Jahre die Balken dermaßen gebogen, dass die Nibelungenhalle jetzt abgerissen werden muss. Das bestätigt eine alte Volksweisheit: Über kurz oder lang bricht jedes Lügengebäude in sich zusammen.»

(Wolfgang Hoderlein, bayerischer SPD-Chef)

«Bevor Stoiber Außenminister wird, wird eher noch Joschka Fischer zum Papst gewählt.»

(Sepp Daxenberger, Landeschef der bayerischen Grünen)

«Im Pirouettentanz hat Stoiber durchaus Übung. Er erinnert mich an Rumpelstilzchen aus Grimms Märchen.»

(Otto Schily, Ex-Innenminister)

«Die CDU liegt fünf Prozent vor der SPD. Das heißt: Stoiber holt inzwischen für die CDU mehr Prozente als Biedenkopf bei IKEA!»

(Harald Schmidt, Moderator und Entertainer)

«Der Mann saugt Bayern aus wie ein Vampir die Blutkonserve.»

(Hubert Dorn, Generalsekretär der Bayernpartei)

«Dieser Schwermatrose hat den Politikwechsel versaubeutelt. Stoiber sollte nicht im Trachtenanzug aufs Podium steigen, sondern im Büßerhemd.»

(Guido Westerwelle, FDP-Vorsitzender)

«Lassen wir doch mal den Stoiber den Dreck auf der Straße wegkehren, dann wird er vielleicht vernünftiger.»

(Klaus Ernst, Vorstandsmitglied der WASG)

«Der bayerische Löwe brüllt in München und landet als Miezekätzchen am Berliner Koalitionstisch.»

(Guido Westerwelle, FDP-Vorsitzender)

«Der Edmund sauft net, fresst net, und er vögelt net.»

(Franz Josef Strauß, verstorbener CSU-Politiker)

S 4/2

© Klaus Kallabis

Christoph Drösser

Stimmt's, Herr Drösser, dass Ihre Bücher süchtig machen?

Stimmt's?
Moderne Legenden im Test
rororo 60728
«Bier auf Wein, das lass sein – Wein auf Bier, das rat ich dir.» Stimmt's? Alltagsweisheiten auf dem Prüfstand.

Stimmt's?
Noch mehr moderne Legenden im Test. rororo 60933

Stimmt's?
Neue moderne Legenden im Test
rororo 61489

Stimmt's?
Freche Fragen, Lügen und Legenden für clevere Kids
rororo 21310
Stimmt's, dass Pinguine umfallen, wenn Flugzeuge über sie hinweg fliegen? Gähnen ansteckend ist? Pupse brennbar sind? Schokolade süchtig macht? Christoph Drösser, Redakteur der «Zeit» und science-Buchautor, macht Schluss mit Lügen und Legenden.

Stimmt's?
Moderne Legenden im Test – Folge 4
Auch nach acht Jahren reißt der Strom der Fragen nicht ab, mit denen die «Zeit»-Leser Christoph Drösser löchern. Hier sind 100 Themen aus den letzten drei Jahren versammelt.

rororo 62064

Weitere Informationen in der Rowohlt Revue oder unter www.rororo.de